AF290304

DIE PESTEL-ANALYSE

Bessere Prognosen durch Umfeldanalysen

Verfasst von Thomas del Marmol
In Zusammenarbeit mit Brigitte Feys
Übersetzt von Mareike Lobeck

DIE PESTEL-ANALYSE

SCHLÜSSELINFORMATIONEN

- **Bezeichnungen:** PESTEL-Analyse, PESTLE, LEPEST, PESTEL, Makroumfeld-Analyse
- **Anwendungsbereich:** Mit der PESTEL-Analyse können Manager die wichtigsten makroökonomischen Faktoren bewerten, die die weitere Entwicklung des Unternehmens beeinflussen könnten.
- **Warum ist es so gut?** Die Identifizierung wichtiger zukünftiger makroökonomischer Faktoren und der Entwurf verschiedener Szenarien ermöglichen Managern, die Entscheidungen zu treffen, die zukünftig am geeignetsten für die gute Weiterentwicklung und den Fortbestand des Unternehmens sind.
- **Schlüsselwörter:**
  - <u>Wettbewerbsvorteil</u>: Vorsprung eines Unternehmens, durch den es sich in einem bestimmten Bereich positiv von seinen Wettbewerbern abheben kann
  - <u>Wirtschaftslage</u>: allgemeine Situation einer

wirtschaftlichen Einheit, die durch politische, wirtschaftliche und gesellschaftliche Aspekte bestimmt wird
- Szenario: fiktive Situation, die vermutlich – früher oder später – eintreten wird
- Wettbewerbsstrategie: Methoden, die durch Innovation und Wettbewerbsvorteile den maximalen Erfolg eines Unternehmens zum Ziel haben
- Antriebskraft des Wandels: Element von enormer Wichtigkeit, das die Unternehmensentwicklung in hohem Maße beeinflussen kann

EINLEITUNG

Hintergrund

Unsere heutige Gesellschaft, geprägt durch ein sich ständig weiterentwickelndes Umfeld, unterscheidet sich in einigen Punkten von ihrer früheren Form. Jedes Unternehmen, das in den kommenden Jahren weiter bestehen und florieren soll, muss sich zwangsläufig an kontinuierliche Veränderung und starken Wettbewerb anpassen. Das (makroökonomische) Umfeld birgt für jedes Unternehmen auf dem Markt gleichzeitig sowohl Chancen als auch Bedrohungen, unabhängig vom Unternehmenssektor.

Wurde ein durchschnittliches makroökonomischen Ereignis richtig vorhergesehen, wirkt sich dies schnell als direkter Wettbewerbsvorteil für das Unternehmen aus, wenn dank der Prognose schon vor den Wettbewerbern effizient gehandelt werden kann. Unterschätzt ein Manager jedoch ein Großereignis auf dem Markt, können ihn die erfolgreicheren Prognosen seiner Wettbewerber schnell in Schwierigkeiten bringen, da er sich nun deren Wettbewerbs- und Offensivstrategien stellen muss. Die Unternehmen, die die schnelle Ausbreitung des Internets mit seinen Möglichkeiten nicht früh genug vorhergesehen haben, mussten beispielsweise zu Beginn dieses Jahrhunderts schmerzhafte Erfahrungen machen.

Die Fähigkeit, zukünftige Ereignisse vorauszusehen, scheint einer der wichtigsten Faktoren für den Erfolg, die gute Weiterentwicklung und – in manchen Fällen auch – das Überleben eines Unternehmens zu sein. Im Nachhinein gibt es immer genug Personen, die behaupten, dass doch alles eindeutig auf das bevorstehende Ereignis hingewiesen hätte. Diese Hinweise frühzeitig zu erkennen, ist allerdings nicht immer leicht, schließlich ist nicht jeder ein Hellseher.

Die PESTEL-Analyse setzt an dieser Unsicherheit an und zielt auf die Identifizierung und Analyse der makroökonomischen Faktoren, die für ein Unternehmen in einem bestimmten Umfeld gelten.

Definition

Die Bezeichnung der PESTEL-Analyse setzt sich aus dem Akronym der sechs Kategorien makroökonomischer Faktoren des Modells zusammen (**p**olitical, **e**conomical, **s**ocial, **t**echnological, **e**nvironmental, **l**egal). Die Analyse ermöglicht es Managern zunächst, die eventuell eintreffenden makroökonomischen Faktoren zu identifizieren, die die Unternehmensentwicklung betreffen (mögliche Chancen vs. Risiken). Diese dienen danach als Grundlage für den Entwurf verschiedener Szenarien, die dazu beitragen, zukünftige Entwicklungen frühzeitig zu erkennen und schon heute die besten Entscheidungen für morgen zu treffen.

Das Umfeld eines Unternehmens teilt sich in drei Schichten:

- Konkurrenten und Märkte
- Branche
- Makroumfeld: Diese äußerste Schicht beinhaltet alle Faktoren, die sich unabhängig vom Tätigkeitsbereich auf die meisten Unternehmen auswirken. Es beinhaltet politische, wirtschaftliche, soziale, technologische, ökologische und rechtliche Faktoren. (Vgl. Gerry Johnson, Gerry et al.: *Strategisches Management* 2011)

Schichten des Unternehmensumfelds

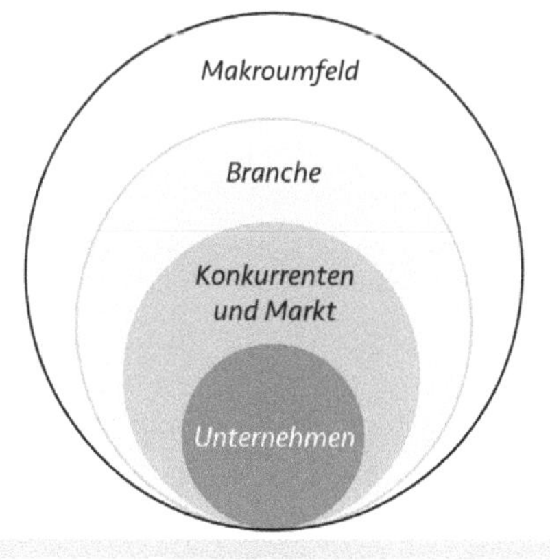

DIE PESTEL-ANALYSE IN DER THEORIE

KONTEXT

Die genaue Entstehung der PESTEL-Analyse ist nicht bekannt. Einige Autoren sind sich jedoch darüber einig, dass die ersten Ansätze des Modells im Werk *Scanning the business environment* (1967) von Francis J. Aguilar zu finden sind. Damals trug das Modell noch den Namen „ETPS", nach den Anfangsbuchstaben der Kategorien makroökonomischer Faktoren in Wirtschaft (*economic*), Technologie (*technological*), Politik (*political*) und Gesellschaft (*social environment*).

In den Siebziger- und Achtzigerjahren wurde das Modell von verschiedenen Autoren verwendet und weiterentwickelt: Liam Fahey (Geschäftsführer der Unternehmensberatung Leadership Forum Inc. und Professor für Management am Boston College), Vadake K. Narayanan (Professor für Management an der Drexel University) und Arnold Brown (beratender Projektmanager), um nur einige zu nennen. Dabei sind verschiedene Erweiterungen des ursprünglichen Modells entstanden, wie etwa „PEST", „STEP" und „STEEPLE". Schließlich wurden die „ökologischen" (*environmental*) und „rechtlichen" Faktoren (*legal*) hinzugefügt, die zur neuen und heute am weitesten verbreiteten Bezeichnung „PESTEL" führten. Einige fassen allerdings die politischen und rechtlichen Aspekte unter der Bezeichnung „politisch-rechtlich" zusammen – in diesem Fall wird das Akronym „PESTE" verwendet.

Die Zusammenstellung der Faktoren

Da das beliebte Analysemodell sehr unterschiedlich eingesetzt wird, muss es je nach Fall angepasst werden. So kommt es beispielsweise bei der Erstellung von Geschäftsplänen, Produktions- oder Marketingstrategien und auch bei der Verwirklichung neuer Projekte zum Einsatz (wie etwa bei der Entwicklung eines neuen Produkts auf einem unberührten Markt).

Das oberste Ziel der PESTEL-Analyse liegt in der Identifizierung unvermeidlicher makroökonomischer Veränderungen, die sich drastisch auf die

Unternehmensentwicklung auswirken könnten (hinsichtlich der angebotenen Produkte, der Marke, oder des gesamten Unternehmens). Die genaue Analyse makroökonomischer Faktoren bezieht sich also nicht auf das gesamte Umfeld, sondern lediglich auf ein bestimmtes Unternehmen, damit dieses mögliche Veränderungen in seinem Bereich frühzeitig erkennen kann.

Von allen makroökonomischen Ereignissen, die in den nächsten Jahren eintreten, werden sich nur manche tatsächlich auf die Unternehmensentwicklung auswirken. Der Manager muss also die Faktoren, die das Unternehmen direkt oder indirekt beeinflussen, von den Faktoren trennen, die sich nur minimal auf seinen Fortbestand auswirken. Der Geschäftsführer eines Ölkonzerns beispielsweise nimmt die Entwicklungen hinsichtlich Schiefergas und Fracking anders auf als der Geschäftsführer einer Spedition oder einer Bäckerei.

Die makroökonomischen Faktoren wurden in sechs verschiedene Kategorien unterteilt, die sich jedoch gegenseitig beeinflussen.

Die sechs Faktoren der PESTEL-Analyse

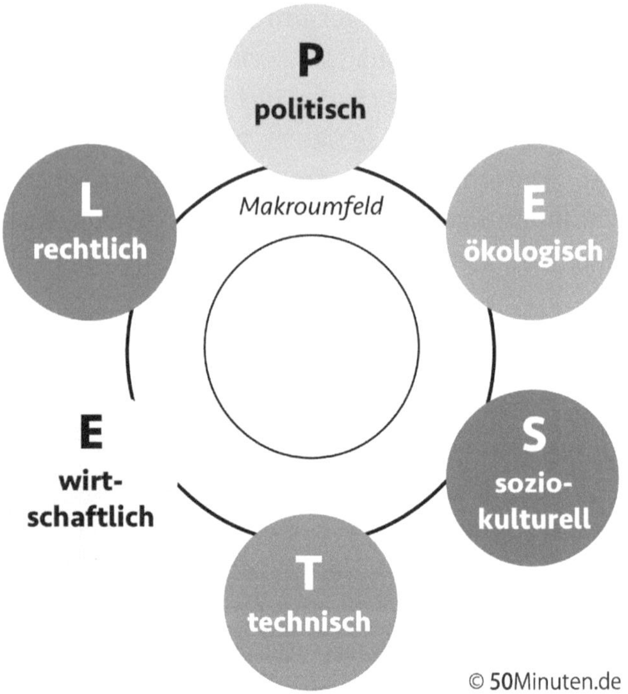

- **Politische Faktoren**: Die Politik eines Landes (Druck durch die Regierung, Geldpolitik etc.) hat große Auswirkungen auf Unternehmen, die sich dort niederlassen möchten: Staatliche Entscheidungen können sich direkt auf den täglichen Betrieb, angestrebte Geschäftsergebnisse (nominaler Zinssatz etc.) und soziale Leistungen (Schaffung neuer Arbeitsplätze, Zuschüsse etc.) auswirken. Andere Faktoren wie Konflikte, Korruption oder Interventionen durch den Staat müssen ebenfalls bedacht werden. Ein Unternehmer, der eine Geschäftstätigkeit in einem Land mit instabilen Regierungsverhältnissen aufnimmt, muss die Bedürfnisse der Einwohner miteinbeziehen, die sich mit Sicherheit von Einwohnerbedürfnissen in einer friedlichen, stabilen Gegend unterscheiden. Instanzen wie die Europäische Kommission oder die Welthandelsorganisation (WTO), die international geltende Handelsbestimmungen festlegen, sollten auch nicht außer Acht gelassen werden.

- **Wirtschaftliche Faktoren**: Da ein Unternehmen kaum die allgemeine Wirtschaftslage ändern kann, muss es sich unweigerlich so gut wie möglich gegen deren Schwankungen wappnen. Die Beobachtung der BIP-Entwicklung eines Landes, der Steuersätze, Wachstumsrate und Kaufkraft der Einwohner ist unerlässlicher Bestandteil der Faktoren, die Managern für die Entscheidungsfindung benötigen. Der wirtschaftliche Erfolg eines Unternehmens hängt ebenso von der Beobachtung von Kennzahlen der Branche und der Analyse von Konsumtrends ab. Das frühzeitige Erkennen eines bedeutenden Rückgangs der Kaufkraft ermöglicht es dem Unternehmen beispielsweise, seine allgemeine Strategie anzupassen und so Verluste zu minimieren.

- **Soziokulturelle Faktoren**: Die Eigenschaften der Bevölkerung zu kennen (Demographie, Altersstruktur etc.), um so das Kaufverhalten zu verstehen, ist bei der Eroberung eines Marktes unerlässlich. Auch über die Geschichte – Wurzeln und Traditionen – sowie religiöse und soziokulturelle Einflüsse (Mode, Medien, Kommunikationswege etc.) kann die Analyse der individuellen Bedürfnisse der jeweiligen Bevölkerung verfeinert werden. Beispielsweise entwickeln Bewohner mediterraner Länder andere Bedürfnisse als Bewohner baltischer Staaten, entsprechend ihrer Kultur, dem Klima, in dem sie wohnen, oder ihrer Religion.
- **Technische Faktoren**: Experten auf der ganzen Welt versuchen heutzutage, bestehende Prozesse zu revolutionieren. Auch wenn sich

manche dieser Entdeckungen sicherlich kaum auf den Zielmarkt auswirken werden, können andere wiederum die bisherige Ordnung komplett auf den Kopf stellen. Die Revolution des Internets hat mehr als nur einen Manager überrascht und die, die sie vorhergesehen haben, konnten einen großen Wettbewerbsvorteil einfahren. Sich regelmäßig mit den Tätigkeiten der F&E (Forschung und Entwicklung) und den neuesten Innovationen im Kerngeschäft (*core business*) des Unternehmens auseinanderzusetzen, sollte daher selbstverständlich sein. Eine erfolgreiche Technologieüberwachung besteht in der regelmäßigen Überprüfung des Produkts und der Prozesse bezüglich Herstellung und Erwerb durch den Kunden.

- **Ökologische Faktoren**: Im 21. Jahrhundert stehen – wie auch schon im späten 20. Jahrhundert – Umweltschutz und nachhaltige Entwicklung im Mittelpunkt der öffentlichen Debatten. Beunruhigende Klimaveränderungen, stetig steigende Umweltverschmutzung, von Land zu Land unterschiedliche Mülltrennung etc. – immer mehr Menschen und Regierungen beschäftigen sich mit diesen Themen. Dieses Interesse hat teilweise direkte Auswirkungen auf die Geschäftswelt. Die Überwachung von Energieverbrauch und Luftqualität sind nur zwei Beispiele für Maßnahmen, die auf regionaler, nationaler und/oder internationaler Ebene ergriffen wurden. Solche Maßnahmen können nicht nur die Funktionsweise von Unternehmenstätigkeiten beeinflussen, es entstehen so auch neue Märkte, wie etwa für Bio-Produkte.

- **Rechtliche Faktoren**: Einer der besten Wege, sich vor möglichen Gerichtsverfahren zu schützen und sich innerhalb des rechtlichen Rahmens zu bewegen, ist, sich über die gesetzlichen Regelungen des jeweiligen Landes auf dem Laufenden zu halten (Arbeitsrecht, Handelsrecht etc.), in dem sich das Unternehmen befindet bzw. befinden wird. Gesetze zum Waffenbesitz sind beispielsweise nicht in jedem Land gleich. Ein Händler, der sich in dieser Branche etablieren möchte, sollte Kommunikation und Vertrieb also entsprechend an den jeweiligen rechtlichen Rahmen anpassen. Steuervorteile können gut informierte Manager ebenso dazu bewegen, einige Länder anderen vorzuziehen.

Das nachfolgende Diagramm fasst die wichtigsten makroökonomischen Faktoren für jede der betrachteten Kategorien noch einmal zusammen. Diese Liste ist nicht vollständig und sollte je nach Geschäftsfeld und Standort des Unternehmens entsprechend ergänzt werden.

Beispiele für die makroökonomischen PESTEL-Faktoren

P - politische
Konflikte, politische Instabilität, Kriege, Korruption, Ausmaß der staatlichen Eingriffe etc.

E - wirtschaftliche
Wirtschaftslage, Wachstumsrate, Zinssätze, BIP, Inflation, Besteuerung, Arbeitslosenrate, Kaufkraft etc.

S - soziokulturelle
Demographie, Geschichte, Religion, Einkommensverteilung, Alterspyramide, Lebensstil (Modeerscheinungen), Bildung, Gesundheit, Auswanderung, Kommunikation etc.

T - technische
Innovationen, Investitionen in F&E, Produktlebensdauer, neue wissenschaftliche Entdeckungen und Patente, Energiekosten etc.

L - rechtliche
Gesetzgebung des Landes, Rechtsprechung, Steuern, soziale und rechtliche Sicherheit, Vorschriften etc.

E - ökologische
Umweltnormen, erneuerbare Energien, Klimawechsel, wachsendes Bewusstsein, Sicherheitsschulungen, umfassendes Recycling, Auswirkungen des Verkehrs etc.

Identifizierung der wichtigsten Antriebskräfte des Wandels

Die Hauptschwierigkeit liegt darin, die Faktoren zu identifizieren, die für ein bestimmtes

Unternehmen von Bedeutung sind. Wenn nicht gut aussortiert wird, ist das Risiko hoch, so viele Informationen zu haben, dass man sich nicht mit jeder einzelnen befassen kann und so mögliche Chancen oder drohende Risiken verpasst. Es ist also von großer Wichtigkeit, die entscheidenden Antriebskräfte des Wandels zu erkennen, da durch sie die dem Unternehmen bevorstehenden bedeutsamen Ereignisse erkannt werden können.

„Die wichtigsten Antriebskräfte des Wandels sind Faktoren aus dem Umfeld, die sich in hohem Maße auf den Erfolg oder Misserfolg einer Strategie auswirken können" (Johnson et al.: *Strategisches Management* 2011, S. 80). Je nach Branche und Markt unterscheiden sie sich also – auch wenn Kritiker anmerken, dass im Grunde alle Unternehmen auf dieselben Bedrohungen reagieren müssen, da sich die Märkte weiter globalisieren und immer mehr Instanzen entstehen, die den internationalen Handel reglementieren. Hinzu kommt, dass sie sich mit der Zeit verändern, weswegen die verwendeten Daten fortwährend überprüft werden müssen. Ob es sich nun um den Kundengeschmack oder die

Wirtschaftslage handelt – Manager, die in einem instabilen Umfeld arbeiten, müssen regelmäßig Marktstudien in Auftrag geben/zu Rate ziehen oder in Feldstudien testen, ob die Faktoren noch zutreffen.

Erstellen von Szenarien

Sobald die Daten gesammelt sind, konstruieren Manager verschiedene Szenarien mithilfe der identifizierten Hauptantriebskräfte, die nach Wahrscheinlichkeit ihres Eintretens sowie nach ihrem potenziellen Einfluss auf das Unternehmen sortiert werden. Sie stellen alle mögliche Alternativen für die Zukunft des Unternehmens dar. Eine der Hauptantriebskräfte im Immobilienmarkt hängt zum Beispiel direkt mit der Höhe von Hypothekenzinsen zusammen, da Privatpersonen zur Realisierung ihrer Investitionen in der Regel Hypotheken aufnehmen. In diesem Fall würde die Geschäftsführung eines Bauunternehmens verschiedene Szenarien entwickeln: Im ersten steigt der Zinssatz leicht an, im zweiten sinkt er stark, im dritten Szenario stagniert er etc.

VORTEILE DER PESTEL-ANALYSE

Auch wenn die PESTEL-Analyse nicht den Anspruch hat, vorherzusagen, wie die Zukunft aussehen wird, eignet sie sich dennoch dazu, proaktive und konstruktive Diskussionen über die Zukunft eines Unternehmens anzustoßen. Bei einer sachgerechten Anwendung der Analyse können mögliche Chancen und Risiken für das Unternehmen erkannt werden, was schnell zu einem bedeutenden Wettbewerbsvorteil werden kann. Die PESTEL-Analyse verschafft einen Gesamtüberblick, die notwendige Distanz und eine gewisse Flexibilität.

Die Verwendung von Szenarien ist besonders sinnvoll, wenn es nur wenige Hauptantriebskräfte gibt und deren Eintreten nicht absehbar ist. Daraus können sich zwei fundamental unterschiedliche Möglichkeiten für die Zukunft des Unternehmens ergeben. Ein Manager muss also Reaktionen auf jede Hauptantriebskraft und vor allem deren möglichen Auswirkungen auf die Leistungsfähigkeit des Unternehmens korrekt bestimmen. Sollte eins der erstellten Szenarien eintreten, können dann die zu ergreifenden

Maßnahmen gewählt werden. Außerdem sollte die Wahrscheinlichkeit für ein solches Eintreten in Zahlen gefasst werden. So kann schon heute alles für den Unternehmenserfolg vorbereitet werden, für den Fall, dass das als am wahrscheinlichsten erachtete Szenario eintritt.

Sind die Szenarien erstellt, obliegt es Managern und Beratern, jedes einzelne bis ins Detail zu analysieren, um so die Wahrscheinlichkeit ihres Eintretens sowie dessen direkte Auswirkungen für das Unternehmen zu bestimmen.

DIE PESTEL-ANALYSE IN DER PRAXIS

Informationsselektion und Ausarbeitung

Werden makroökonomische Daten gesammelt, so werden dabei manchmal auch Informationen berücksichtigt, deren Glaubwürdigkeit zweifelhaft ist. Manager sollten also unbedingt ihren Wahrheitsgehalt in der Praxis prüfen. In diesem Fall ist ebenso wichtig, die gesammelten Informationen kontinuierlich mit neuen Entwicklungen auf dem Markt zu abzugleichen.

Die oben vorgestellte Einteilung der Faktoren zeigt, dass viele davon miteinander verbunden sind. So betrifft eine Umweltsteuer sowohl politische als auch ökologische Faktoren. Genauso kann die Entwicklung einer neuen Technologie bestimmte wirtschaftliche und soziokulturelle Daten eines Landes beeinflussen. Manager, die die Faktoren selektieren müssen, sollten daher die Unterteilung – so praktisch sie auch ist – nicht als in Stein gegossen ansehen. Die Einordnung der Faktoren in eine bestimmte Kategorie ist also relativ: Stundenlang zu überlegen, ob die Steuerpolitik eines Landes besser in die politischen, wirtschaftlichen oder rechtlichen Faktoren passt, ist nicht von großem Interesse. Da es vor allem darum geht, die verschiedenen makroökonomischen Einflüsse, denen ein Unternehmen ausgesetzt ist, strukturiert darzustellen, liegt der Fokus darauf zu erkennen, wie wichtig eine Gegebenheit ist und wie sie sich potenziell auf das Unternehmen auswirken könnte. Zur Vereinfachung der Auswahl können die Gegebenheiten mit vergangenen Ereignissen verglichen werden, die die Branche beeinflusst haben.

Szenarien ermöglichen einen Gesamtüberblick über mögliche zukünftige Situationen, sollten jedoch nicht zu spezifisch ausgeführt werden. Ziel der PESTEL-Analyse ist nicht, genaue Verhaltensweisen vorzugeben. Vielmehr soll sie Überlegungen zu möglichen strategischen Entscheidungen für den Fall anstoßen, dass eins der vorhergesehenen Szenarien eintritt. Im Allgemeinen ist es sinnvoll, eine gerade Anzahl an Szenarien zu wählen (zwei oder vier). So wird vermieden, dass das „Zwischenszenario" den Vorzug erhält.

Praktische Anwendung

Die PESTEL-Analyse eignet sich in verschiedenen Momenten und Situationen.

- **Gründung eines neuen Unternehmens**: Der Geschäftsplan dient der Überzeugung möglicher Investoren des Unternehmens. Bei seiner Erstellung sollten strategische Instrumente verwendet werden, die eine gründliche Analyse des Marktes und seiner möglichen Attraktivität unterstützen. Hier kann eine PESTEL-Analyse dem Investor beweisen, dass das makroökonomische Umfeld günstig für die Entwicklung des Unternehmens auf dem Markt ist. Sollte das nicht der Fall sein, zeigt es zumindest, dass man sich der Risikofaktoren bewusst ist und dass es Möglichkeiten gibt, diese zu kompensieren.
- **Entwicklung neuer Produkte oder Umsetzung neuer Projekte**: Genauso ermöglicht die PESTEL-Analyse Managern festzustellen, ob ein Umfeld für ein neues Produkt bereit ist.

Auch die Entscheidung, ob ein neues Projekt umgesetzt werden sollte, kann Ziel einer detaillierten Analyse sein.

- **Hinterfragung der Unternehmensstruktur**: Entscheidungen, die bei der Unternehmensgründung getroffen wurden, können sich schnell als überholt erweisen, da die meisten Märkte einem kontinuierlichen Wandel unterliegen. Die Geschmäcker der Menschen verändern sich schnell, die Wirtschaftslage ist Schwankungen unterworfen, neue Technologien werden entwickelt etc. Die Unternehmensstrategie sollte also ständig hinterfragt werden, indem die PESTEL-Analyse und andere Diagnosetools (die kürzlich eingetretene Ereignisse berücksichtigen) regelmäßig auf den neuesten Stand gebracht werden.
- **Entscheidungsprozess für die Marketingstrategie**: Die Kenntnis über makroökonomische Faktoren einer Branche, vor allem soziokultureller, kann sich bei der angemessenen Kommunikation mit der Außenwelt als sehr wichtig erweisen. Welche soziokulturellen Codes herrschen in einer Region? Welche Ereignisse prägen die Landesgeschichte? Möchte ein Unternehmen sein Produkt einer

neuen Zielgruppe näherbringen, kann es mit solchen Überlegungen Fehler vermeiden, die sonst viel Zeit und Geld kosten würden.

Schlussfolgerung

Die gesammelten Faktoren werden je nach Erfahrungen der analysierenden Person auf unterschiedliche Art und Weise interpretiert. Wirtschaftswissenschaftler werden Auswirkungen eines Regierungswechsels anders wahrnehmen als Juristen oder Soziologen.

Da vor allem die Zusammenarbeit verschiedener Experten zu einer optimalen Einschätzung der Auswirkungen eines neu identifizierten Faktors führt, ist es wichtig, ein gutes Team um sich zu versammeln.

Von der Theorie zur Praxis

Dank der Vorarbeit der PESTEL-Analyse können Manager in der Praxis sinnvolle Entscheidungen treffen, die den Fortbestand des Unternehmens sichern. Sie haben direkten oder indirekten Einfluss auf Prozesse und die Arbeit aller Mitarbeiter des Unternehmens.

Daher müssen die im Rahmen einer PESTEL-Analyse getroffenen Entscheidungen dem gesamten Unternehmen mitgeteilt werden, um zu erreichen, dass die Unternehmensvision von allen Mitarbeitern geteilt und mitgetragen wird. Die Identifikation der Mitarbeiter mit dem Unternehmen ist wahrscheinlich eine der wichtigsten Erfolgsvoraussetzungen für durch die PESTEL-Analyse getroffene Entscheidungen. Die Umsetzung der Entscheidungen, die im Unternehmensalltag getroffen werden, wird so um einiges erleichtert.

FALLSTUDIE – DIE POST

Seit mehreren Jahrhunderten sind die Städte Mitteleuropas durch Postwege miteinander verbunden. Gesetze, die beispielsweise Städte verpflichten, Briefkästen aufzustellen, haben den Brief als Kommunikationsmittel gestärkt. Waren die Postbetriebe zu Beginn oft staatlich geführt, wurden sie in vielen Ländern mittlerweile – zumindest teilweise – privatisiert. Seit Anfang der Nullerjahre sieht sich der Sektor mit neuen Herausforderungen konfrontiert. Das Aufkommen neuer Kommunikationsmittel und die immer stärkere Nutzung des Internets haben die Situation des Sektors verändert, der bis dahin noch vom Papier beherrscht wurde. Seit einigen Jahren wurde in manchen Ländern auch das Monopol der Post aufgehoben und der Markt für die Konkurrenz geöffnet. Dies gilt ebenso für das hier betrachtete Beispiel.[1]

Vor dem Hintergrund dieses Umbruchs entscheidet das Postunternehmen, eine neue Dienstleistung anzubieten: die Lieferung von online getätigten Supermarkteinkäufen. Um so viele Menschen wie möglich zu erreichen, ist die Strategie des Unternehmens, Partnerschaften mit bereits auf dem Markt etablierten Supermärkten einzugehen. Es nutzt so das Vertrauensverhältnis, das es seit langem zu den beteiligten Parteien unterhält: Das Unternehmen bietet zum einen den Supermärkten Unterstützung in Form einer E-Commerce-Plattform, mit der sie nun Menschen erreichen, die online einkaufen. Zum anderen ermöglicht es seinen eigenen Kunden, von dem Lieferservice Gebrauch zu machen, der

---

1. Dieses Beispiel orientiert sich zwar an der belgischen Post (*Bpost*), ähnelt in vielen Punkten aber auch der Situation, in der sich die *Deutsche Post* befindet

Einkäufe werktags zwischen 17 und 21 Uhr nach Hause liefert. Kunden können dabei für einmalige 9,95 € pro Paket im Internet Produkte auswählen und einen Lieferort und Lieferzeitraum angeben.

Ausführung der PESTEL-Analyse

Wie bereits in den vorherigen Kapiteln ausgeführt, hilft die Verwendung der PESTEL-Analyse, bei der Umsetzung neuer Projekte zukünftige makroökonomische Faktoren zu begreifen. In diesem Fall betreffen die für die Analyse ausgewählten Faktoren die geplante Umsetzung des Lieferservice-Projekts.

Für das Beispiel relevante makroökonomische Faktoren

P - politische
- Einstellung der staatlichen Hilfen für Dienstleistungen von allgemeinem Interesse
- Umstrukturierungsplan für staatliche Unternehmen
- Stabilität der Regierung?

E - wirtschaftliche
- Wirtschaftskrise und Rückgang der Menge versandter Inlandsbriefe
- stagnierendes Wirtschaftswachstum
- Anforderungen durch den Börsengang

S - soziokulturelle
- Dominanz der Tarifpartner (Gewerkschaften) in der Branche
- verstärkte Nutzung neuer Technologien (Smartphones, Tablets etc.)
- Generationenkonflikt zwischen Babyboomern und Millenials
- Alterung der Gesellschaft
- neue Beschäftigungsformen

T - technische
- wachsender Onlinehandel
- Automatisierung und Robotisierung
- Entwicklung neuer Sortierzentren

E - ökologische
- Anforderungen bezüglich gesellschaftlicher Verantwortung
- schlechtes Image von Papier als Kommunikationsmedium
- Einordnung bezüglich Nachhaltigkeit durch die *International Post Corporation*

L - rechtliche
- strengere Monopolgesetzgebung
- Öffnung des Postmarkts für die Konkurrenz
- gesetzliche Vorgaben nach der Börsennotierung
- gesetzliche Festlegung der Briefmarkenpreise

© 50Minuten.de

Erstellung von Szenarien

Nachdem die wichtigsten Unbekannten identifiziert wurden, erstellt die Managerin des Postunternehmens verschiedene Szenarien, um die wahrscheinliche Entwicklung der Faktoren und ihre Auswirkung(en) auf das Unternehmen frühzeitig zu erkennen. Da für diese Fallstudie besonders viele Faktoren gesammelt wurden, werden nur vier der möglichen Szenarien betrachtet, alle in Bezug auf soziokulturelle Faktoren.

Der Erfolg des Projekts hängt sowohl von der Annahme der Dienstleistung durch die Öffentlichkeit als auch von der Verbreitung der Online-Einkäufe ab. Beide Entwicklungen sind nicht völlig berechenbar, weswegen zwangsläufig verschiedene Szenarien erstellt werden müssen. Die folgende Abbildung zeigt die verschiedenen Szenarien der Unternehmensentwicklung, je nachdem, welcher der Faktoren eintritt.

Szenarien wahrscheinlicher Zukunftssituationen

	mehr Verkäufe über den Onlinehandel	weniger Verkäufe über den Onlinehandel
Annahme durch die Öffentlichkeit	großer Erfolg	durchwachsener Erfolg
Ablehnung durch die Öffentlichkeit	große Enttäuschung	totaler Misserfolg

Schließlich kann sich das Unternehmen alle Eventualitäten vor Augen führen: Die Managerin muss erkennen, wie am besten auf jedes Szenario reagiert wird, und Lösungen für den Fall vorsehen, dass tatsächlich eines eintritt.

Zusammenfassung

- Obwohl der Staat weiterhin größter Anteilseigner des Unternehmens ist, hat dieses im Laufe der Jahre an Unabhängigkeit gewonnen und kann heute ohne staatliche Unterstützung und mit seinen eigenen Gewinnen wirtschaften. Dies führt zu einem starken Ausbau der Wettbewerbsfähigkeit.

- Das Kerngeschäft leidet zum einen an einem Imageverlust und zum anderen an einer schwächeren Wirtschaftstätigkeit, die von verschiedenen ungünstigen Faktoren bedingt wird. Das Unternehmen sollte also unbedingt die technischen Errungenschaften und seine eigene Wirtschaftlichkeit nutzen, um mehrere Diversifikationsstrategien zu entwickeln. Dazu gehört der Lieferservice, durch den sich das Unternehmen an den veränderten Lebensstil der Kunden anpasst, von denen immer mehr online einkaufen.

- Die neue Dienstleistung bietet dem Unternehmen zusätzliche Einnahmen, durch die es seine Einnahmequellen diversifizieren kann. Der Projektvorschlag wurde daher von der Geschäftsführung angenommen und umgesetzt. Ein Jahr nach der Einführung in einigen Teststädten konnte der Service auch in weiteren Städten angeboten werden, was für seinen Erfolg spricht.

- Die PESTEL-Analyse ist in diesem Fall zwar angemessen, sie reicht jedoch nicht aus.

Stattdessen sollte sie von einer gründlichen Recherche der Stärken und Schwächen des Unternehmens begleitet werden. So werden die wichtigsten Wettbewerbsvorteile erkannt, mit denen es sich von seinem Umfeld abheben und seine Wirtschaftlichkeit sichern kann. Die Risiken und Chancen (<u>SWOT-Analyse</u>) sowie die Öffnung des Marktes für die Konkurrenz (<u>5(+1)-Kräfte-Modell von Porter</u>) sollten eingehend betrachtet werden, damit die bestmöglichen Prognosen getroffen werden können, ohne ein Detail zu übersehen.

DIE PESTEL-ANALYSE: SCHWÄCHEN UND ERGÄNZUNGEN

SCHWÄCHEN UND KRITIK

Auch wenn die PESTEL-Analyse bei Managern hoch im Kurs steht, hat sie genau wie andere Strategieinstrumente ihre Schwächen.

- **Ein relativer Überblick**: Eine der größten Schwächen hängt gleichzeitig mit einem der am meisten geschätzten Vorzüge zusammen. Da ein großes Spektrum an makroökonomischen Faktoren abgedeckt wird, können Manager schnell in dieser Flut von Informationen untergehen. Die das Unternehmen betreffenden makroökonomischen Faktoren auszuwählen ist in der Theorie leichter gesagt als in der Praxis umgesetzt. Ab einem bestimmten Punkt erscheinen alle Faktoren wichtig und die Menge der zu erstellenden Szenarien wird so hoch, dass selbst Steve Jobs

Schwierigkeiten hätte, sinnvolle Schlüsse zu ziehen. Fachwissen reicht nicht immer aus, um die Hauptantriebskräfte des Wandels zu identifizieren. Manchmal muss auch die eigene Intuition herhalten und herausgefordert werden – beispielsweise durch die kollektive Intelligenz eines interdisziplinären Teams – und ein bisschen Glück ist ebenso unerlässlich. Diesem kann man sich durch gründliche Arbeit und eine Querschnittsanalyse aber natürlich schon annähern.

- **Unzuverlässige Szenarien**: Praxis und Theorie weichen oftmals voneinander ab, daher stimmen die Prognosen nicht immer mit der Realität überein. Unter diesem Gesichtspunkt betrachtet scheint das Instrument zwar praktisch, bewährt sich aber nicht in allen Fällen.
- **Fehlende Objektivität**: Viele Manager wählen für eine Hauptantriebskraft drei unterschiedliche Szenarien: ein optimistisches, ein pessimistisches und eines dazwischen. Dieses Vorgehen gibt Managern zwar das Gefühl, ihre Strategie so objektiv wie möglich zu erstellen, in Wahrheit veranlasst es aber oft dazu, die beiden ersten Szenarien beiseite zu legen und ausschließlich das Zwischenszenario zu

betrachten. Worin besteht also der Sinn, mehrere Szenarien zu erstellen, wenn man sich schließlich doch nur mit einem davon beschäftigt?

- **Die Auswirkungen können nicht quantifiziert werden**: Auch wenn mit dieser Analyse die großen makroökonomischen Veränderungen erkannt werden, die das Potenzial haben, einen Markt umzukrempeln, bleibt es weiterhin schwierig, die genauen Auswirkungen dieser Faktoren auf die Branche festzustellen oder sogar in Zahlen zu fassen.

ERGÄNZUNGEN UND VERWANDTE MODELLE

Da die PESTEL-Analyse nur eine der drei Schichten des Unternehmensumfelds betrifft und nur auf den dort herrschenden Faktoren beruht, kann sie kaum die alleinige Grundlage für die Umsetzung von Geschäftsstrategien bilden.

Auch wenn sie zunächst interessant erscheint, um die wichtigsten Trends des Makroumfelds zu identifizieren, muss die PESTEL-Analyse durch andere Methoden ergänzt werden, die das unmittelbare Umfeld des Unternehmens betrachten. Dieses

Mikroumfeld umfasst die Unternehmensbranche, direkte Wettbewerber etc. Danach kann die Ausarbeitung der Geschäftsstrategie mit dem 5(+1)-Kräfte-Modell von Porter und der SWOT-Analyse abgeschlossen werden.

5(+1)-Kräfte-Modell von Porter

Das 5(+1)-Kräfte-Modell wurde 1979 von dem amerikanischen Harvard-Professor für Unternehmensstrategie Michael Porter entwickelt. Es wird zur Analyse der Attraktivität einer Branche eingesetzt, um daraus Wettbewerbsverhalten abzuleiten. Das Modell basiert auf dem Grundgedanken des Wettbewerbsvorteils. Die Aufgabe der Manager ist also, die Hauptstärken der Konkurrenz in der Branche festzustellen und daraus die jeweilige Macht aktueller und potenzieller Wettbewerber so präzise wie möglich abzuschätzen.

GUT ZU WISSEN: WAS IST EIN WETTBEWERBSVORTEIL?

Ein Wettbewerbsvorteil besteht aus „allen Merkmalen oder Eigenschaften eines Produktes oder einer Marke, die letzteren eine gewisse Überlegenheit gegenüber den direkten Konkurrenten verschaffen. Diese Merkmale oder Eigenschaften können sehr unterschiedlich ausfallen und das Produkt selbst betreffen [...], den begleitenden oder zusätzlich angebotenen Service einer Basisdienstleistung, oder Produktions-, Vertriebs- oder Verkaufsmodalitäten des Produkts oder des Unternehmens." (Lambin, de Moerloose: *Marketing stratégique et opérationnel. Du marketing à l'orientation de marché* 2008, S. 250)[1]

Die Kräfte bestehen aus:

- Verhandlungsstärke der Zulieferer
- Verhandlungsstärke der Kunden
- Bedrohung durch neue Marktzugänger
- Ersatzprodukte
- Wettbewerb innerhalb der Branche
- Rolle des Staates (diese Kraft wurde erst später hinzugefügt)

---

1. Übersetzt für 50Minuten.de

Das 5(+1)-Kräfte-Modell von Porter

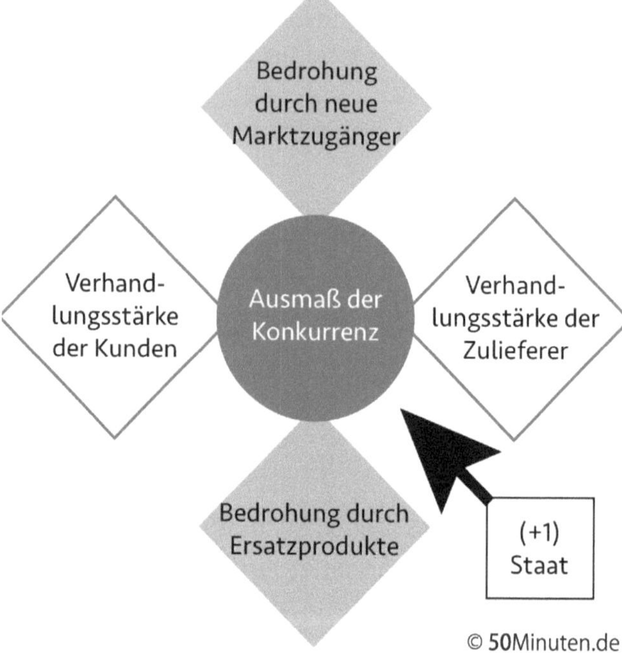

Manager bewerten die herrschenden Kräfte: Ziel ist, festzustellen, wie attraktiv eine Branche ist bzw. sein wird, bzw. Perspektiven für die Unternehmensentwicklung und -leistung zu erkennen. Im Allgemeinen wird die Anwendung des 5(+1)-Kräfte-Modells mit der Identifikation der Haupterfolgsfaktoren für eine optimale Entwicklung abgeschlossen.

Die SWOT-Analyse

Die SWOT-Analyse wurde in den Sechzigerjahren von mehreren Professoren der Harvard Business School entwickelt. Die Analyse der Aspekte, die ein Unternehmen und dessen Umfeld ausmachen, soll wesentliche Erkenntnisse bringen. Die Bezeichnung der Analyse setzt sich aus den Anfangsbuchstaben der englischen Begriffe *Strengths* (Stärken), *Weaknesses* (Schwächen), *Opportunities* (Chancen) und *Threats* (Risiken) zusammen. Entscheidungsträger können so die wichtigsten Stärken und Schwächen ihres Unternehmens einstufen und sich Chancen und Risiken der Branche bewusst machen.

Die Schlüsse, die aus der SWOT-Analyse gezogen werden, sind dabei interessanter als die Aufzählung von Merkmalen des Unternehmens und der Branche. Ihre Betrachtung hilft Managern bei der Entwicklung einer an das Unternehmen angepassten Strategie, die sowohl internes als auch externes Umfeld mitberücksichtigt.

ZUSAMMENFÜHRUNG DER MODELLE

Erfahrene Manager erkennen schnell den Nutzen, den die Kombination dieser Methoden bringt. Zwar hat auch jeder für sich seinen Wert, doch gerade durch Kombination und Abgleich der Informationen können wichtige sinnvolle strategische Entscheidungen getroffen werden.

Die Umfeldanalyse erfolgt in mehreren Schritten, wobei die Anwendung bestimmter Modelle die Beschaffenheit anderer beeinflussen kann. Auch wenn das Sammeln von Informationen über das Umfeld manchmal langwierig erscheint, ist die Umfeldanalyse dennoch unerlässlich für ein Unternehmen, das sich einen langfristigen Wettbewerbsvorteil sichern möchte.

Zusammenführung der Modelle

	STÄRKEN	SCHWÄCHEN	CHANCEN	RISIKEN
Politische				
Ökologische				
Soziokulturelle				
Technische				
Wirtschaftliche				
Rechtliche				

ZUSAMMENGEFASST

- Francis J. Aguilar stellt in seinem Buch *Scanning the Business Environment* 1967 eine erste Version der PESTEL-Analyse vor, die zu diesem Zeitpunkt noch den Namen „ETSP" trägt. Verschiedene Autoren bearbeiten und ergänzen in den darauffolgenden Jahren den Ansatz – und so entsteht die Analyse in ihrer heute bekannten Form.
- Hauptziel der PESTEL-Analyse ist die Einordnung der makroökonomischen Faktoren in sechs Kategorien – (P) politische, (E) wirtschaftliche, (S) soziokulturelle, (T) technische, (E) ökologische und (L) rechtliche Faktoren – und die so gewonnene Distanz, um zukünftige Ereignisse frühzeitig zu erkennen und die Zukunft des Unternehmens in eine bestimmte Richtung zu lenken.
  - Durch die Betrachtung der Daten entsteht ein Verständnis für das Umfeld, in dem sich das Unternehmen bewegt bzw. bewegen wird. Es handelt sich hier um einen makroökonomischen Gesamtüberblick, der für alle Unternehmen der Branche gilt.

- Die größte Schwierigkeit liegt in der Auswahl der für das analysierte Unternehmen wichtigen Faktoren. Diese Zusammenstellung führt zur Identifikation der Hauptantriebskräfte des Wandels, die ausschlaggebend für eine positive Unternehmensentwicklung sind, deren Eintreten jedoch noch ungewiss ist.
- Die PESTEL-Analyse liefert nicht zu vernachlässigende Information über die Antriebskräfte in einer bestimmten Situation, ob im Vorfeld einer Unternehmensgründung, bei der Umsetzung neuer Produkte oder Projekte, der Umstrukturierung eines Unternehmens oder im Angesicht bevorstehender Veränderungen des Umfelds. Unter Berücksichtigung dieser Beobachtungen entwickeln Manager einige Szenarien (vorzugsweise eine gerade Anzahl) auf Grundlage der gesammelten Informationen. Ziel hierbei ist, möglichst genau abzuschätzen, in welchen Situationen sich das Unternehmen zukünftig eventuell wiederfinden wird, und Wege vorzusehen, die Fortbestehen und Zukunft des Unternehmens sichern.

- Die PESTEL-Analyse kann auf Grundlage der zuvor gesammelten makroökonomischen

Faktoren proaktive Diskussionen über die Unternehmenszukunft anstoßen.

- Die alleinige Anwendung der PESTEL-Analyse ist zwar interessant, allerdings auch unzureichend. Porters 5(+1)-Kräfte-Modell und die SWOT-Analyse können hier ein geeignetes Hilfsmittel für die Analyse des unmittelbaren Unternehmensumfelds (Mikroumfeld) darstellen.

- Die Fallstudie hat gezeigt, wie wichtig eine Analyse sein kann, wenn ein Unternehmen in einem dynamischen Umfeld ein neues Projekt umsetzen möchte.

- Auch wenn sie die Zukunft nicht mit Sicherheit vorhersagen kann, erweist sich die PESTEL-Analyse als wertvoll, da sie Unternehmen ermöglicht, die wichtigen Trends zu erkennen, sich so bestmöglich vorzubereiten und den eigenen Wettbewerbsvorteil zu sichern.

DARÜBER HINAUS

LITERATURVERZEICHNIS

- *Agence Wallonne des Télécommunications*: „L'e-commerce 2013 en Wallonie". Informationsseite auf Französisch. (2013). https://www.digitalwallonia.be/fr/strategie-numerique/secteur-du-numerique (15.03.2018).

- Aguilar, Francis J.: *Scanning the Business Environment*. Macmillan: New York 1967.

- Bpost: Bpost rapport annuel 2012. Bruxelles 2013.

- Curau, Laurant: „Avantages concurrentiels : les cinq forces de Porter". *Cafedelabourse.com*. Informationsseite auf Französisch. (2017). https://www.cafedelabourse.com/dossiers/article/avantages-concurrentiels-les-5-forces-de-porter# (15.03.2018).

- Dcosta, Amanda: „PESTLE Analysis History and Application". *Bright Hub Project Management*. Experten-Beratungsseite auf Englisch. (2011). http://www.brighthubpm.com/project-planning/100279-pestle-analysis-history-and-application/ (15.03.2018).

- Dočkalíková, Iveta; Kashi, Kateřina: „MCDM Methods in Practice: Determining Importance of PESTEL Analysis Criteria". *International Days of Statistics and Economics*. PDF-Dokument auf Englisch. Prag (Sep. 2014). http://msed.vse.cz/msed_2014/article/362-Docka-likova-Iveta-paper.pdf (15.03.2018).

- Duguay, Benoit: „La capacité stratégique". *UQAM*. PowerPoint-Präsentation auf Französisch. 2014.

- Johnson, Gerry; Scholes, Kevan; Whittington, Richard: *Strategisches Management. Eine Einführung*. 9. Aufl. Pearson Studium: München 2011.

- Lambin, Jean-Jacques; de Moerloose, Chantal: Marketing stratégique et opérationnel. Du marketing à l'orientation de marché. 7. Aufl. Dunod: Paris 2008.

- Lens, Fred: „In Antwerp, bpost delivers groceries ordered from online merchants". *bpost*. Pressemitteilung auf Englisch. (Sep. 2015). http://corporate.bpost.be/media/press-relea-ses/2015/21-09-2015?sc_lang=en (15.03.2015).

- Lopez, Florian: „L'analyse PESTEL". actinnovation. Informationsseite auf Französisch. (2011). http://www.actinnovation.com/innobox/ outils-innovation/analyse-pestel (15.03.2015).

- Nadkarni, Sucheta; Narayanan, Vadake K.: „Strategic Schemas, Strategic Flexibility, and Firm Performance: The Moderating Role of Industry Clockspeed." In: *Strategic Management Journal* 28/3 (2007). S. 243-270.

- Pestleanalysis.com: „What is Pestel Analysis?".
  Informationsseite auf Englisch. (2014).
  http://pestleanalysis.com/what-is-pestle-analy-
  sis/ (15.03.2018)

- Porter, Michael E.: „The Five Competitive Forces
  That Shape Strategy". In *Harvard Business Review*
  86/1 (2008). S. 25-40.

- Srivastava, Rajendra K.; Fahey, Liam; Christensen,
  H. Kurt: „The Resource-Based View and
  Marketing. The Role of Market-Based Assets in
  Gaining Competitive Advantage". In: *Journal of
  Management* 27/6 (Dez. 2014). S. 777-802.

- Taylor, Ian: „Bpost Extends Same-Day Home
  Delivery Trials". *Post & Parcel Journal*. Artikel auf
  Englisch. (Nov. 2012).
  http://postandparcel.info/52078/news/compa-
  nies/bpost-extends-same-day-home-delivery-tri-
  als/ (15.03.2018).

WEITERFÜHRENDE LITERATUR

- Heubel, Martin: „Die Makro-Umweltanalyse
  (PESTEL-Analyse *Smart Marketing Breaks*. (2018).
  https://smartmarketingbreaks.eu/pestel-analyse/
  (15.03.2018)

MEHR AUF 50MINUTEN.DE

- Speth, Christophe: *Die SWOT-Analyse.* Aus dem

Französischen von Mareike Lobeck. Plurilingua
Publishing: Brüssel 2018.

- Stéphanie Michaux: *Das Fünf-Kräfte-Modell.*
  Aus dem Französischen von Mareike Lobeck.
  Plurilingua Publishing: Brüssel 2018.

SCHMÖKERN SIE SICH SCHLAU!

www.50Minuten.de

www.50Minuten.de

ISBN digitale Ausgabe: 9782808008792

ISBN gedruckte Ausgabe: 9782808009164

Pflichtexemplar: D/2018/12603/215

Cover: © Plurilingua

Digitale Aufbereitung: Primento, der digitale Partner der Herausgeber